# 万物有秘密

生活的秘密

邓　娟 ○ 编著

华东师范大学出版社
·上海·

# 目录

contents

# 圆珠笔 工作的秘密

　　圆珠笔结构简单，使用方便，书写润滑，成为同学们日常使用频率很高的一款书写工具。

　　或许细心的你已经发现了圆珠笔的神奇之处：笔尖上明明什么都没有，为什么在纸上轻轻一划，就能留下一道道线条？难道它是神奇的魔法棒吗？这其实是圆珠笔最大的秘密。

　　在书写过程中，圆珠笔笔尖上自由转动的圆珠与纸面接触，产生摩擦力，这种摩擦力使圆珠不断滚动，由此带出笔芯里的油墨，达到书写目的。圆珠笔看着简单，制作起来却是个技术活。

# 圆珠笔的制作过程

## 1 制作圆珠

将金属丝剪成小段，并打磨成圆珠的形状。

"帽子一戴，埋头苦干。"

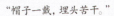

**第一支国产圆珠笔**

1948 年，中国第一支国产圆珠笔在上海丰华圆珠笔厂诞生。据资料记载，20 世纪 50 年代的圆珠笔甚至比钢笔还贵呢，人们用完之后舍不得扔掉，会到专门的笔店里加油墨后继续使用。改革开放以后，在巨大的出口需求的带动下，制笔厂如雨后春笋一般涌现。

再把打磨好的圆珠用火烧得红红的，然后放进水里洗个"冷水澡"。

"这是为了增加小圆珠的硬度。"

# 2 制作笔尖

- 在金属丝上切下需要的长度，将其打磨成笔尖的形状。

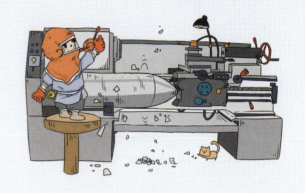

- 用细细的钻头在笔尖的"肚子"里钻一条"小路"。

- 在笔尖上钻出放圆珠的小窝，还要留出出墨的空间。

"手不能抖，手不能抖。"

"OK！"

# 3 固定圆珠

圆珠压进笔尖并固定好后，要检查一下小圆珠能不能正常滚动。

**4 制作笔芯**

把笔尖接到细长的塑料管上，从管子的另一头注入油墨。

再把笔芯放进离心机里，让离心机产生的离心力把油墨压到笔尖一端。为了防止油墨溢（yì）出，需要在油管上面注入一层油。

最后，将笔芯、笔杆和笔帽组装起来，穿上漂亮的"外套"，运到商场闪亮登场。

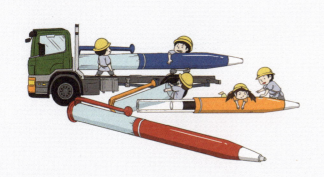

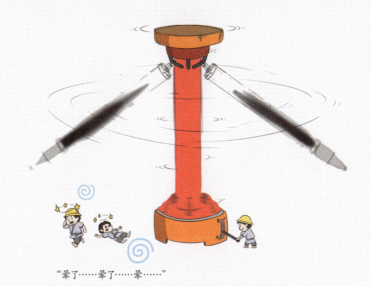

"晕了……晕了……晕……"

# 方便实用的铅笔

在古罗马时代，人们经常使用铅棒来做记号。但是，大家对铅棒并不是很满意：不仅颜色浅，还有极大的毒性。直到 16 世纪，英国有一位牧羊人发现可以用石墨在羊身上做记号，机智的商人捕捉到商机，将石墨切成墨条进行售卖。1662 年，德国的纽伦堡市建成了世界上第一家铅笔厂——施德楼铅笔厂。由于对石墨的认识不足，当时的人们称它为"黑铅"。

如今，以石墨为材料的铅笔芯"穿上"了木质外套，就成了我们日常用的铅笔。

# 1 准备笔芯材料

采集石墨，制成石墨粉，再加入黏土和水，搅拌成糊状。

用力挤压搅拌好的"糊糊"，排出里面的空气，然后做成一根根长度相同的铅笔芯。这个时候的铅笔芯还是比较湿的。

## 2 烧制铅笔芯

把铅笔芯晾干。

"当年太上老君炼丹也是这样的!"

把铅笔芯放到高温炉里烧制，让它变硬。

给铅笔芯过一遍热油，增加笔芯的光滑度。凉透后进行下一步操作。

## 3 把铅笔芯放到木板里

在平滑的木板上挖几条凹槽，把铅笔芯放进去，然后在木板上涂上黏合剂。

再将另一块带凹槽的木板与装有铅笔芯的木板贴合在一起。

"我快坚持不住啦！"

颜料外衣晾干后按照一定的数量放到包装盒里。

"同志们加把劲儿啊！"

# 4 制作铅笔

用特制的刨子刨出铅笔的外形。

给铅笔穿上一件漂亮的"衣服"。

"哎哟喂！"

# 亮闪闪的玻璃杯

　　玻璃，在古代被称为"琉璃"或"瑠璃"，是一种有色半透明的矿物质。中国的玻璃制作技术起步比较早，大约在北魏时期就出现了用吹制法制造的日用玻璃杯、玻璃碗等器具。直至今日，玻璃制品行业仍在不断发展。

　　现在，我们有了水晶杯、双层玻璃杯、金星玻璃杯、乳浊玻璃杯等，玻璃的制作工艺越来越精湛！

# 1 准备原料

准备石英砂、方解石、纯碱、硼（péng）酸等原料，按比例混在一起。

# 2 熔制玻璃液

把玻璃原料送进熔制炉里高温加热，直到形成金黄色、无气泡的玻璃液。此时炉内温度可达到 1300—1600℃。

小心高温

# 3 人工吹制成型

用空心不锈钢管子挑出适量的玻璃液，吹出一个玻璃小球。

"我的肺活量超级大！"

15

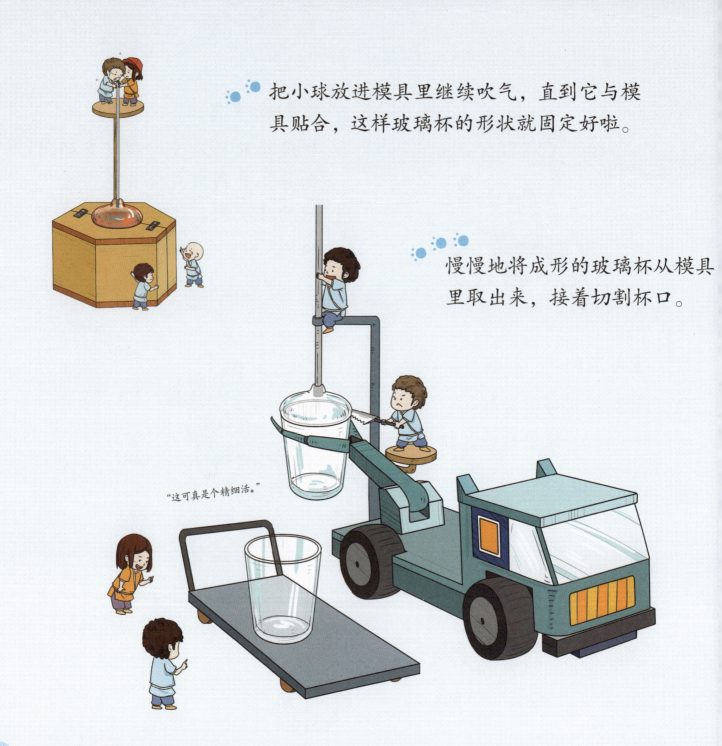

把小球放进模具里继续吹气，直到它与模具贴合，这样玻璃杯的形状就固定好啦。

慢慢地将成形的玻璃杯从模具里取出来，接着切割杯口。

"这可真是个精细活。"

# 4 降温固型

这时候的玻璃杯因为有热应力，可能你一拍就会碎，所以要放到退火炉中进行冷却降温。

"杯滑滑的，要拿稳哟。"

## 5 打磨

打磨玻璃杯，让杯口摸起来滑滑的，即使蚂蚁爬上去，也会摔一跤。

# 6 质检

包装前要进行"选美"比赛，质量合格的玻璃杯才可以被运出来在顾客面前亮相。

"我给你打 99.99 分。"

# 牙齿清洁工·牙刷

　　2000 多年前，古人就懂得保护牙齿了。《礼记》中有"鸡初鸣，咸盥（guàn）漱"，说明那时候的人们就有漱口的习惯。到了唐代，人们开始用柳条来做刷牙工具。而我国最早的牙刷，据说是明朝的孝宗皇帝发明的，他用猪毛做牙刷毛，用兽骨做牙刷柄，这种牙刷的形状接近于我们现在用的牙刷。后来，这种牙刷传到了欧洲，广受欢迎。

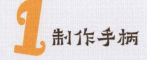

牙刷的制作方法

# 1 制作手柄

⭐ 选择你喜欢的牙刷手柄模具，将塑料加热熔化后倒进模具里。

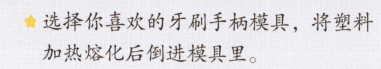

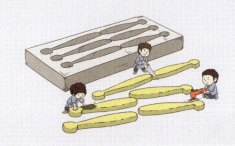

⭐⭐ 塑料溶液冷却后，从模具里拿出手柄，仔仔细细打磨光滑。

# 2 制作刷毛

⭐ 将制作刷毛的尼龙材料也加热熔化，让其从制毛机器的小孔里挤出，制成牙刷细毛。

"还是我的头发更细！"

★★ 将刷毛收集起来，
切成统一的长度。

**3** 切割刷毛钉

把黄铜片切成一片一片的，
用来当作固定刷毛的钉子。

安装刷毛 **4**

十几根刷毛一捆，从正中间折起来，
用刷毛钉钉住后插进手柄的小孔里。

**加工刷毛**

⭐ 用旋转切割机把刷毛切
成合适的长度与造型。

⭐⭐ 再用砂纸打磨刷毛，这样可
以防止刷牙时牙齿被刮伤。
一把牙刷就做好了。

### 古代有牙膏吗？

在北宋的官方医科图书《太平圣惠方》中，提到了牙膏的做法：用柳枝、槐枝、桑枝加水熬制成膏，再加入姜汁、细辛、芙蓉等物混合而成。北宋人洪刍还编写了一本叫《香谱》的书，书里收录了10多种牙膏配方。由此可见，在北宋，古人已经在使用牙膏。

除此之外，北宋时期还出现了专门的"牙粉行"，这种牙粉由茯苓粉和松脂粉混合而成，古人用它来清洁牙齿。到了明朝，更出现了由多种中草药制作而成的牙粉。看来，古人非常重视牙齿健康呀。

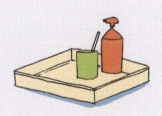

# 香喷喷的 肥皂

　　在古代，肥皂是西方有钱人家才能使用的奢侈品。而肥皂进入中国的最早时间，比较可靠的记载是在清朝末期，由英国商人带到上海。如今，肥皂已经是人们家庭常用的清洁用品了。

　　肥皂，其实也是用油做的哟！

　　肥皂的主要原料是油脂，可以是植物油，比如椰子油、橄榄（gǎn lǎn）油，也可以是动物脂肪，比如猪油、牛油。油脂和碱液融合，最后加入香料，做好的肥皂就有了好闻的味道。

## 动手做肥皂 ✏

### 1 制作皂基

在油脂里加入碱性药剂，一边加热，一边慢慢地搅拌，直到锅里形成黏糊糊的皂基（肥皂的基础原料）。

"这个过程叫'皂化'。"

"造化弄人那个'造化'吗？"

"炉火炉火保佑我千万要学好成语呀。"

在皂基里加入盐水用力搅拌，把肥皂成分分离出来，这个过程叫"盐析"。

"表面这层就是初级肥皂啦！"

把肥皂成分提取出来，摊成薄薄的一层，让它慢慢风干。

最后，把风干后的初级肥
皂切成很小很小的颗粒。

"我剁剁剁！"

## 2 研磨

把初级肥皂颗粒放到容器里，
再加入色素和香料，一起研磨。

"柠檬味真好闻。"

### 古代的去污用品

早在3000多年前的周代，人们用淘米水去污。后来，从西晋到唐代，澡豆成为人们常用的去污产品，而且配方多种多样，像孙思邈的《千金方》提到的澡豆配方就讲究到了异常奢侈的地步。尽管后来出现了皂荚、香皂等，澡豆依然没有退场，明清时期民间对澡豆做了改进，这种改进，可以说与现代肥皂只有一步之遥。

把研磨好的混合材料放到
压制机里，压制成长条形。

# 3 造型

然后切成大小相同的小块，
用模具刻印出肥皂的外形。
一块肥皂就做好了！

一起吹肥皂泡泡吧！

把肥皂切成小碎块
放入瓶子里，再放一点
洗洁精，加水混合之后，
就可以用吸管之类的工
具玩吹泡泡啦！

# 清水明如镜·镜子

　　平静的水面是人们最早的镜子。人们发现金属后，就把各种金属磨得光滑，当作镜子使用，比如铜镜。据记载，汉魏时，铜镜逐渐在我国民间流行，还出现了全身镜。玻璃镜虽然早在12世纪末就出现了，但它作为一种时髦品，应用不广。直到1835年，德国化学家李比格发明了化学镀银法，才让玻璃镜的应用更加广泛。

　　如今，镜子除了用来整理仪容，还被应用到各个领域，比如汽车的后视镜，一些道路拐角处的凸面镜，牙医使用的口腔镜等，给我们的生活带来了许多方便。

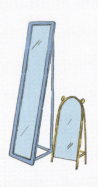

# 一面镜子的诞生 ✏

## 1 清洁玻璃

用抛光液和刷子打磨玻璃，让它更光滑，然后将玻璃表面洗干净。

"管子里喷出来的是抛光液。"

"哎呀！是谁把玻璃擦得这么干净！"

## 2 单面镀银

在玻璃的一面涂上药水（锡液），再用蒸馏水洗干净。

+» 把硝酸银、氢氧化钠和葡萄糖等物质充分混合在一起，做成镀银溶液。

"AgNO₃、NaOH、C₆H₁₂O₆……知道这几个分子式分别代表什么吗?"

+» 在玻璃的其中一面均匀地涂满镀银溶液，涂满后进行烘烤，镜子的雏形就出来了。

"原来我长得这么可爱!"

"镀银是一种用薄金属膜覆盖物体表面的工艺。"

## **3** 涂上保护膜

‹✦ 在银膜上涂一层铜膜，防止银膜接触空气后变质。

✦» 最后，在铜膜上再涂上一层涂料，用来保护之前涂的银膜和铜膜。

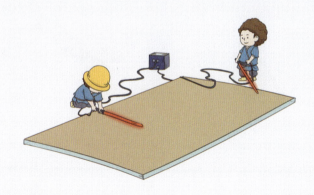

## **4** 干燥

用远红外加热器烘干镜子。

**哈哈镜**

哈哈镜是常见的游乐设施。因为镜面凹凸不平，会引起不规则的光线反射与聚焦，所以人们照哈哈镜时会发现自己"胖"了或"瘦"了，非常有趣。

**5** 检查

检查一下没有镀银的那一面玻璃有没有损伤，内层的银膜有没有异常。

"蜘蛛侠现身。"

**6** 加工

用玻璃刀切割做好的大镜子，要用力均匀，一次切割到位，不能中途停顿。

^ 沿着切割线把镜子掰开，
做成一面面的小镜子。

## 7 精加工

打磨镜子边缘的切口，让它平滑不割手。
如此一来，光滑明亮的镜子就做好了。

# 精致的木梳

　　据说，梳子是由古代轩辕（xuān yuán）帝的王妃——方雷氏发明的，她的灵感来自鱼骨。梳子发展至今，其制造材料多种多样，有塑料、木、玉等。

　　在古代中国，无论是声名显赫的上层阶级，还是普通的平民布衣，都与木梳朝夕不离。古代女子出嫁时，母亲会为她最后梳一次少女发型，边梳边说："一梳梳到底，二梳白发齐眉，三梳子孙满堂。"此为"三梳"，代表着对新婚夫妻未来生活美好的祝福。

## 裁剪草图 **1**

准备图纸，画出想要的梳子的形状。剪下图纸之后，贴在做梳子的木头上。

"木材首选檀木。"

**2** 锯出外形和梳齿

在木材上完整地锯出梳子的形状。然后耐心地、慢慢地锯出梳子的"牙齿"。

# 3 外形修整

"圆润的我才能不划伤头皮呀!"

○ 修好外形后，用砂纸反复打磨梳子表面，直到摸起来不扎手。

◗ 在"牙齿"上画辅助线，然后用工具打磨，让"牙齿"由方变圆。

"一二一，左右左!"

# 4 打磨梳齿

将梳子固定好，砂纸对折，用拉扯的方式打磨"牙齿"，直到处理好"牙齿"间的距离。

# 5 雕刻装饰

"这是我自己设计的图案！"

◗ 用刻刀在梳子上雕刻出花纹或图案。

○ 最后，用细砂纸再仔仔细细地打磨一遍，一把手感舒适的木梳就制作好啦！

**什么是砂纸的目数？**

　　用砂纸打磨梳子不是件容易的事情。砂纸的型号用目数表示，目是一个单位，目数越高，磨料就越细。第一次修整梳子时，要用粗砂纸打磨，从 20 目、120 目到 180 目；第二次时，要从 320 目打磨到 5000 目。可见，每一把木梳都是匠心之作。

# 柔软暖和的 毛线

　　毛线，通常是指用羊毛或人造毛纺成的线，一般分为编结毛线和针织毛线两类，以毛线的粗细、重量及用途等作为区分的标准。如按粗细来分，就有特细、极细、中细、中粗、高粗等，特细毛线适合用来编织婴幼儿的毛衫，高粗毛线则是编织防寒衣物的最佳之选。

　　毛线能编织暖和的毛衣、背心、帽子、围巾和手套等。除保暖外，毛线还有装饰作用。

　　这回，我们从软绵绵的羊毛说起。

# 1 整理羊毛

将剃下来的羊毛放在网架上来回抖动，抖落灰尘和杂草。

"生羊毛的质检标准之一就是卷曲数越高，质量越好。"

"羊毛不可以在热水中浸泡太长时间，每次清洗不超过20分钟。"

# 2 清洗羊毛

🔴 将羊毛放入热水中，再用中性洗涤液多次清洗，这样才能有效去除羊毛上的灰尘和脏东西。

🔴🔵 洗干净后的羊毛又称净毛，将其平铺在毛巾上自然风干。

"让羊毛蓬松些。"

# 3 梳毛

将羊毛放入梳毛机梳理，理顺后的羊毛会被拆分成长条状，再将其团成一团。

# 4 捻线

借助捻线机进行梳条、纺线，使羊毛纤维抱合在一起，形成强韧的毛线。

# 5 染色

用醋和水浸泡毛线30分钟左右。

再将毛线里面的水分挤干，放入一个容器里，接着往容器里倒入各种颜色的染料。

将吸了染料的毛线放进加盖的容器中，进行"高温加热→冷却→再加热"处理，每个步骤都需要控制好时间。

"醒醒！超时啦！"

## 6 晾干

加热后把毛线拿出来，冷却1—2 小时，再用水洗净并晾干。毛线就这样制作完成了！

"这就是'以衣换衣'？"

# 极致古典美·折扇

　　中国有着悠久的使用扇子的历史。扇子最初出现时，本来只是用于纳凉的物品，这点从扇子的别名"摇风""凉友"和古代画作中便可窥见。

　　文人雅士会在扇面上挥洒笔墨、题字作画。经过3000多年的演化，扇子逐渐与国画、书法、戏曲、歌舞相互融合，共同发展，形成了独特而又引人入胜的扇文化。即使折扇受损，失去其纳凉功能，人们也能将扇面上的书画重新装裱（biǎo）保存，扇面画由此成了很重要的收藏品类。

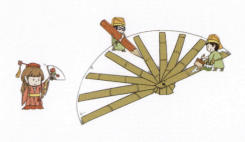

# 折扇的制作工艺

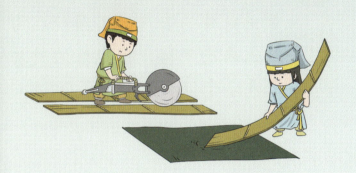

## 1 制作扇骨

把竹篾削成轻轻的、薄薄的竹片，用砂布打磨光滑。

"危险动作，请勿模仿！"

## 竹木牙角

制作扇骨的材质大致可用"竹木牙角"四字概括，其中以下几种颇具代表性：

湘妃竹，斑竹的一种。最好的湘妃竹产自湖南的九嶷(yí)山，十分稀少。

老山檀香，纯天然名贵香料。选材时根据香气、纹理、颜色等判断优劣。

象牙，有很强的光泽和弹性，最名贵的材质之一，制作难度大。

玳瑁骨(一种海龟背甲)，晶莹剔透，花纹美丽。

※ 如今，象牙、玳瑁及其制品是不能买卖的哟。

## 2 串扇骨

用烧红的钉子在竹片上打孔，再用金属丝把所有竹片串起来。

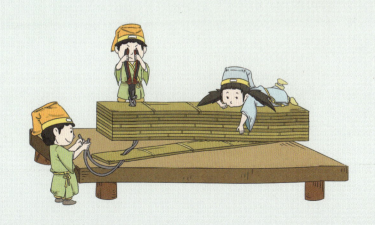

41

### 3 裁扇纸

量出竹片的长度，用圆规在白纸上画出半圆，把串好的竹片展开，平铺在纸上。

### 4 固定扇骨位置

用铅笔描好竹片在白纸上的位置，在竹片上涂抹白胶，并粘到对应的位置上。

## 5 贴扇面

在另一张画有半圆的白纸上作画，画好后剪下来粘贴在竹片的另一面，盖住扇骨。

## 6 折扇子

胶水干透后把扇子折起来。

"我是不是像李清照一样有古典气质？"

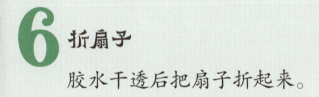

## 7 挂装饰

在金属丝部位挂上流苏或其他装饰物，一把乘凉和鉴赏两用的折扇就做好了。

# 实用又美观的藤椅

你的家里有藤制家具吗？

用于编制家具的藤类品种繁多，它们往往牢固坚韧，因而可以编织出各种形态的家具。

藤制家具是世界上比较古老的家具品种之一。我国对藤的开发与利用有着悠久的历史。汉代以前，人们坐卧用的家具多为席、榻（tà），其中就有藤编织而成的席。

在我国，藤摇椅是一种古老的家具，是休闲椅的一种。它轻巧坚韧、古朴舒爽，有着很高的实用价值与观赏价值。

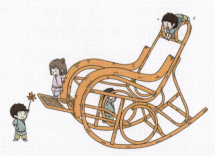

✏️

# 1 原料选择

在森林里挑选粗细均匀的藤，
用来制作椅的骨架。

# 2 原料打磨

藤条的表面有很多扎手的小刺，制作前要进行粗打磨和细打磨。

"粗打磨是把藤条放到打磨机床上打磨，
去掉小刺后的藤条摸起来滑滑的。"

"细打磨是用细砂带进行细致打磨，
以达到制作家具的要求。"

45

1号小帮手: 火枪

加热

弯曲

# 3 原料加工

🌙 加热、弯曲、冷却
用火枪的外层火焰加热藤条，
然后用力让藤条弯曲变形，最
后用高压空气冷却枪对藤条进
行冷却处理，使它定型。

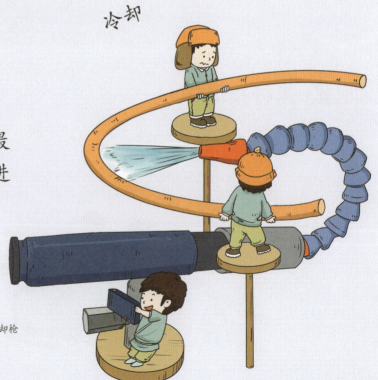

冷却

2号小帮手: 高压空气冷却枪

☾⭐ 制作凹槽

挑选几根长度一样的藤条做脚踏支
撑杆。在藤条两端各做一个凹槽，
方便之后的组装工作。注意，凹槽
周围的毛刺要去掉哟！

"我们都是超级厉害的'美容师'。"

⭐⭐☾ 抛光

组装前对各个部件进行抛光，处理
掉藤条上的结疤和碳化的表面。

# 4 组装

用电钻、螺（luó）丝刀、
螺丝钉等工具把部件组装
在一起，藤摇椅的基本框
架就出来了。

## 5 编织

手工编织好藤椅的坐板、背垫部分，并装饰藤摇椅。

## 6 半成品打磨

所有部件组装完成后，再次进行整体的打磨、抛光。

## 7 上油

在藤椅的表面刷一层木蜡油。上油之后的藤摇椅变得平整光滑、坚固耐用。待蜡油晾干后，椅子就做好了。

# 弹力十足的橡皮筋

　　橡皮筋一拉就变长，松手后又变回原样。正是这神奇的弹性让橡皮筋有各种各样的用途，请问你知道这弹性是从哪里来的吗？

　　橡皮筋是一种用橡胶制成的，有伸缩性的短圈。橡胶一词来源于印第安语，在印第安语中，橡胶树的意思是"流泪的树"，因印第安人偶尔发现有种树会从伤口流出白色汁液而得名。生橡胶就是做橡皮筋的原料，你知道生橡胶是怎么变成韧性十足的橡皮筋的吗？

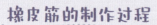

割胶

　　割胶是一项辛苦的工作。割胶的最佳时间是凌晨 4 点至 5 点，因为这个时间段里橡胶树体内水分饱满，细胞的膨压最强，橡胶流出的速度最快。

# 1 收集生橡胶

在橡胶树的树干上切开一个口，白色的汁液就会流出来，这些汁液凝固后就是生橡胶。

# 2 制作原料

将搅拌好的原料压成薄片，然后卷起来。

在生橡胶里加入各种药物后，用力搅拌，得到制作橡皮筋的原料。

接着把原料放入机器里去掉杂质，再将干净的原料压成方形。

## 3 研磨

加入增色的颜料和能够增强弹性的硫（liú）磺，再用力研磨。

"好像在扭麻花呀！"　　"你就只想到吃。"

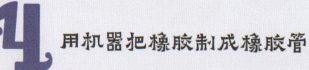

## 4 用机器把橡胶制成橡胶管

把长条状的橡胶放进压制机里高温熔化，然后从压制机的圆形管口里挤出来，将橡胶塑造成管状。

"用力！让橡胶管包住铝管。"

>> 然后在橡胶管里注入空气和滑石粉，用铝管撑开并帮助定型。

"定型完毕，把橡胶管拉出来，嘿呀！"

## 5 切橡皮筋

将橡胶管切成一个个小圈，用水洗干净，干燥后就成了橡皮筋啦！

### 妙用橡皮筋

刷油漆时，油漆桶边缘常常被刷子蹭得很脏。把橡皮筋套在油漆桶中间（如图所示），蘸取油漆时先在橡皮筋上刷一下，就可以防止这一情况了。

# 味道鲜美的酱油

　　别看酱油颜值不高，可它能改善菜肴的味道和色泽，是烹饪过程中必不可少的好帮手。

　　酱油是由酱演变而来的。数千年前，我国古代劳动人民就已经掌握了酿造酱的工艺。秦汉时期，出现了类似于酱油的调味料；唐朝时期，酱油生产技术随鉴真大师传至日本，后又相继传至东南亚和世界各地。

　　不过，现在的酱油酿造方法和很久以前的已大不相同，我们一起来看一看吧！

# 1 处理原料

❝ 先打碎豆饼（大豆榨油后的副产品）放入容器中，加水并将其均匀地浸湿。

❝❝ 然后加入麦麸（fū），搅拌均匀后用手捏成团。

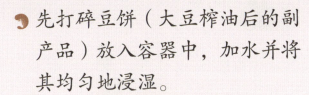

"豆饼都在里面转转转呢！"

❝❝❝ 再把豆饼团倒入旋转式蒸锅中加压蒸熟，这样做还可以同时把豆饼里的微生物杀灭。

# 2 制曲

先把蒸熟的豆饼团放凉
到 35—40℃。

接着，在放凉后的豆饼团中加入
米曲霉（méi），并充分拌匀。

米曲霉

"要搅拌24小时以上，只能采
用轮班制了。"

用铲子翻曲和铲曲，让曲种和豆
饼团均匀混合。至少要翻铲24
小时以上，制曲才算完成！

# 3 发酵

在制好的成曲中倒入食盐和水，继续加热并搅拌，等待其发酵。发酵时要掌握好温度，温度高会烧死曲种，温度低则会让成曲腐烂变质。

当混合物变成红褐色，开始飘出酱香味时，曲就完成发酵了。

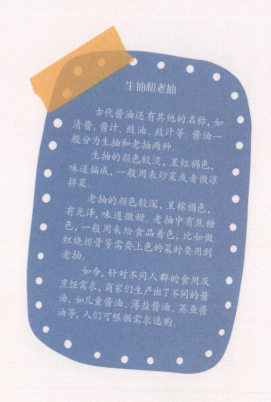

**生抽和老抽**

古代酱油还有其他的名称，如清酱、酱汁、豉油、豉汁等。酱油一般分为生抽和老抽两种。

生抽的颜色较浅，呈红褐色，味道偏咸，一般用来炒菜或者做凉拌菜。

老抽的颜色较深，呈棕褐色，有光泽，味道微甜。老抽中有焦糖色，一般用来给食品着色，比如做红烧排骨等需要上色的菜时要用到老抽。

如今，针对不同人群的食用及烹饪需求，商家们生产出了不同的酱油，如儿童酱油、薄盐酱油、蒸鱼酱油等，人们可根据需求选购。

# 4 浸出淋油

开始淋油，即把酱油和酱渣分离开来。发酵好的曲叫"酱醅（pēi）"，和上一次生产时剩下的二淋油一起浸泡。

"生抽做好了，准备做老抽。"

酱醅第一次淋出的油叫"头油"或"生酱油"，也就是我们经常吃的"生抽"，可直接制成成品酱油。

在酱醅中加入盐水进行第二次浸泡，淋出二淋油，也就是我们熟悉的"老抽"。最后经过澄清、配制、灭菌、灌装，香喷喷的老抽就制成了。

# 调味佳品·芝麻油

　　芝麻油是中国传统的日常食用的植物油。早在三国时期，人们就掌握了芝麻油的制作方法。它带有浓郁的芝麻香，做凉菜、热菜都适用，因此是日常生活中必不可少的调味佳品。

　　随着时代的发展，现代的芝麻油主要有小磨和机制两种制作方法。小磨芝麻油的工艺比较复杂，成品风味比机制芝麻油更加香浓，所以更受人们的喜爱。

　　我们一起来了解下小磨芝麻油的制作过程，解开它飘香的秘密吧！

## 芝麻油的制作方法 ✏️

"这粒芝麻不合格哟。"

### 芝麻油的好处

芝麻油中含有丰富的微量元素和维生素 E，有抗衰老、软化血管、润肠通便等作用尤其对老年人来说，芝麻油是一种非常好的烹饪调味品。但是肠胃不好、经常拉肚子的人不宜多吃哟！

# 1 挑选与焙（bèi）炒

📍 挑选出颗粒饱满的芝麻，放到筛（shāi）子上筛掉杂质，再放到水里洗干净。

"嗯，这儿还有好大一粒芝麻。"

先让芝麻静置 20—30 分钟，等灶火烧旺后开始焙炒，炒至芝麻能被碾（niǎn）碎，并变成黑红色。

将炒好的芝麻倒入簸（bò）箕（ji）中摊开，给芝麻降温，防止继续熟化。

"竟然是个体力活。"

## 2 磨浆

将芝麻慢慢放进石磨中。通过转动磨盘把芝麻磨成糊状的芝麻酱。磨得越细腻，出油率越高。

## 3 兑浆

把芝麻酱放到晃油机上，让它快速旋转起来，然后加入开水搅拌均匀，完成兑浆。

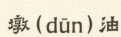

## 4 墩（dūn）油

把浆上面大部分的油取出放进油桶，在晃油机上放两个金属球上下打浆，继续分离出浆里面的油。

## 5 撇（piē）油

用铲子铲剩下的浆，沿着锅的边缘逐渐往锅中间圈浆，直至把油圈在锅中间，用勺子取出油。

"别让油'溜'走了。"

"好累呀，装满一瓶了吗？"

# 6 过滤灌装

油桶里的油经过沉淀、过滤，就可以装进瓶子里啦。

### 芝麻的历史

芝麻在古代又叫脂麻、胡麻、油麻等。关于它的"出生地"，既有产于古印度、中东一带的说法，也有产于非洲的说法。而芝麻在我国的种植起源，普遍认为是在西汉的张骞（qiān）出使西域时带回的，这个说法见于北魏农学家贾思勰（xié）的《齐民要术》和北宋科学家沈括的《梦溪笔谈》。

芝麻除了可以用来榨油，还可以用作烹饪原料，如糕点的馅料、菜肴的辅料。在日常生活中，我们常常吃到的芝麻美食有：芝麻糊、芝麻饼、芝麻粉、芝麻酱等。炒菜的时候放一点芝麻或倒一点芝麻油，那真是吃什么都香。

芝麻有黑白之分，黑芝麻富含油脂和蛋白质，有健胃、保肝、乌发、美容等功效，而白芝麻口感好、含油量高、营养丰富，能够抗衰老。

# 生活用品小知识

## 琳琅满目的清洁用品

在古代，人们往往会通过"就地取材"来获得清洁用品，如用淘米水、草木灰、皂角等天然物品来洗澡、洗衣服。随着现代工业的发展，越来越多有针对性的清洁用品也就随之诞生了。

| 品种 | 用途 | 特点 |
|---|---|---|
| 牙膏 | 清洁牙齿 | 牙膏中含有研磨剂，抹在牙刷上，可通过牙刷的机械运动清洁牙齿，同时还能保持口气清新。 |
| 肥皂 | 洗澡、洗手、洗衣服 | 名字源于"皂荚"，可以很好地乳化、溶解油脂，让附着在衣服或皮肤上的油污、油脂随着水一起冲走。 |
| 沐浴露 | 洗澡 | 液态的身体清洁剂。与肥皂相比，触感更温和，更容易起泡。 |
| 洗发水 | 洗头发 | 由表面活性剂和添加剂调配而成，可以满足不同发质的需求，具有很好的护发和美发效果。 |
| 洗洁精 | 清洁餐具 | 洗洁精中含有多种活性成分、乳化剂，能快速去污、除菌。 |
| 洁厕剂 | 清洁厕所 | 洁厕用品大多为酸性，具有较强的清洁、杀菌、消毒作用，所以使用时要戴好手套。 |

## 常见的塑料

　　塑料的可塑性极强，可以将其加工制作成各种形状，加上制作成本低，所以在生活中的应用非常广泛。但是，塑料的抗腐蚀能力较强，不可降解或不易降解，很容易造成环境污染。除了在科学层面上要努力解决这个问题，平时生活中我们也要尽量减少塑料的使用。

| 品　种 | 特　点 | 用　途 |
|---|---|---|
| 聚乙烯（PE） | 化学稳定性强，耐腐蚀。 | 多用于制作薄膜（如保鲜膜）、中空制品（如塑料瓶、塑料管）。 |
| 聚丙烯（PP） | 绝缘性良好，不受湿度影响。 | 多用于制作家用电器外壳、塑料管等。 |
| 聚氯乙烯（PVC） | 化学稳定性强，耐热、耐腐蚀。 | 用途广泛，可用于制作门窗、塑料管或电线的绝缘皮等。 |
| 聚苯乙烯（PS） | 隔热保温性能良好，且容易加工成型。 | 用于制作各种仪器的外壳、零件等，也用作建筑外墙的保温材料。 |
| ABS塑料 | 强度高，韧性好，且容易加工成型。 | 用于制造坚固的塑料制品，如工业和家用电器的外壳、部件，汽车和飞机的仪器部件等。 |